书中蝴蝶

中国当代藏书票

朱雀桥边乌衣巷 风景名胜

——沈泓 著

金城出版社
GOLD WALL PRESS

天津教育出版社

前　言

　　藏书票是贴在书的扉页或夹在书中表明藏书主人的标识，如用一句更简洁的话表述，藏书票就是代表藏书主人的标识。

　　艺术家通常采用木版、铜版、丝网版、石版等版画形式，创作各种美术图案的藏书票，署上"某某藏书""某某之书""某某爱书""某某珍藏"等字样，并印上国际通用的藏书票标志"Ex Libris"。作为小版画或微型版画，藏书票以其小巧玲珑、精美雅致的艺术性，被誉为"书中蝴蝶""纸上宝石""书中精灵""版画珍珠"等。

　　已故藏书票艺术大师杨可扬在《可扬藏书票》（上海人民美术出版社1994年版）一书中，从艺术家的角度概括藏书票："藏书票是外来的艺术形式，是实用与审美结合、图像与文字并重的一种特殊艺术品；同时，藏书票属于小版画或微型版画的范畴，幅面不大，但小而精，有自己灵活多样的形式，更有精深丰富的内涵，方寸之间天地广阔。它是供读书、爱书、藏书者使用的一种标志，也是书籍的一种美化装饰。"

　　杨可扬的这段话说明了藏书票的特点、形式和功能。

　　藏书票的构成有三个基本要素，一是图画，二是要有"Ex Libris"拉丁文标志，三是要有票主姓名，即"XX藏书""XX书票""XX的书"等。根据国际藏书票参展参赛要求，藏书票必须标明"Ex Libris"一词，有时还要标明"XX藏书"。

　　藏书票的功能是表明书的主人，在功能上，藏书票和古代藏书章一样，只不过藏书章是盖在书上，藏书票是粘贴在扉页或夹在书中。它们皆为藏书的标志，均表明藏书的主人。

藏书票从20世纪初在中国出现，20世纪80年代在中国兴起，20世纪末至今蓬勃发展，得到越来越多读书人的青睐，也受到众多藏家的追捧。

藏书票的收藏价值首先是由其艺术价值决定的，每一张藏书票都是一幅画，富有隽永的艺术魅力；其次，藏书票题材广泛，内容丰富，包罗万象，蕴涵丰富；再次，藏书票是艺术家亲手刻印的版画原作，印量极少，一般只印10张到100张，多亦不过200张，物以稀为贵。此外，藏书票票幅小，犹如一张邮票小型张，易于收集，易于保存，因此越来越多的收藏爱好者视其为收藏珍品。

作为舶来品，藏书票在中国只有大约110年的历史，经受战乱、时局等影响，只有极少数版画艺术家和知识分子接触过藏书票，直到改革开放以后，藏书票才枯木逢春，逐渐复苏并迅速发展。

由于藏书票是新生事物，一切都在探索和发展中，很多方面都没有形成定式。如藏书票的命名就没有一定之规，即使同一个作者对同一张图，也常有两种命名。通常情况下藏书票的命名有三种方式：以票主命名，如"XX藏书"；以画面主题或题材命名，如"仙人掌"；作者自己写了题名。原则上一般首选作者写的题名，但为保持藏书票命名的统一，本书中的藏书票主要采用票主命名的方式，创作年份不详的不标注。

藏书票是一个珍珠闪烁、宝石耀眼、蝴蝶翩飞、五彩缤纷的世界，愿"书中蝴蝶：中国当代藏书票"丛书带您走进这个绚丽而神奇的世界。

目录 | CONTENTS

002 　杨可扬：粗线条的冲击力

008 　赵志方：简洁幽远的意境

012 　陈雅丹：探路者

016 　沈延祥：飞向大海星辰

022 　陆放：雅致的人文气息

024 　莫测：暮年风景

028 　张家瑞：古拙而雅致

032 　许英武：浓郁的新疆风情

034 　刘晓东：雨景中的诗意

042 　姜琳：发现云南古镇之美

052 　丁金胜：心旷而神怡

084 　罗保根：水乡古镇情结

092 　宁积贤：山西农村小景

094 　邵明江：意象纷呈

100 　章飚：聚焦安徽民居

106 　刘长青：质朴黑白亦惊艳

110 　吴家华：大写的人

112 　张文荣：架起文化交流桥梁

126 　颜复兴：淳朴的山村小景

128 　叶枝新：独特的飞机题材

142 　张克勤：抒情的牧歌

144　　沈有福：白墙黑瓦忆江南

146　　李山瑞：庙宇亭塔的古韵

150　　曾献忠：诗意的北国风光

152　　官洪义：封闭的村落

154　　张长利：淳朴的云南小景

160　　贺敬才：黑白对比表现有力

162　　滕维平：贵州地域特色

166　　白树镛：走进敦煌

168　　王嵘：上海欢迎你

172　　王建国：巨龙将醒

174　　李山楼：明月照我心

178　　洪凯：日出东方霞满天

180　　陶正基：风格厚重苍凉

182　　陶正：情满乡村

184　　王金旭：石刻的魅力

186　　文牧江：民居风貌

188　　邱德镜：三国遗迹存古意

196　　林君：福建民居

198　　王富强：古朴又神秘

202　　刘佳：层层叠叠藏书楼

204　　刘继鹏：古意盎然

208　秦国君：风从草原来

210　德力格尔：骏马奔驰

212　唐华志：寻找平凡小景

216　蔡欣：田字的变奏

218　辛宝立：勾起恋乡情结

220　周志清：细致的铜版

224　袁振璜：动与静的和谐

226　刘琛：留下悬念

230　丁建国：光波的流韵

232　彭本浩：律动的风景

234　甘畅：象形文字中的风景

238　吕仲寰：单纯中见繁复

240　黄永勇：门上风光

242　向农：抽象构成

248　顾锡田：狮子林的故事

254　杨齐福：白族风情

256　武安伟：红与黑

258　姜丕中：夜幕中的怒放

260　宋刚：巧思中的黑白对比

264　廖有楷：营造诗意氛围

266　顾其星：总是难了怀旧情

270　龙开朗：少数民族的日常

274　冯汉江：运刀洒脱

276　唐润华：浓郁的生活气息

278   蔡金章：水印晕染之妙

282   大戈：朦胧的印象

284   兰廷文：多向度的探索

286   王维德：天地人的史诗

304   朱荫能：大三巴的记忆

306   陈济生：古镇古桥古韵

308   拉喜萨布哈：朴实乡村蕴诗意

310   吴若光：专注家乡圣陵

312   卢建明：写实中透出空灵

314   邓勇：色彩的交响

316   郭凤印：柴扉为客开

318   蒋艳俐：书阶上的油纸伞

320   任树起：红色圣地

322   王敢：众志成城

324   刘劳拉：恍若走进欧洲

326   瞿安钧：贵州民居

328   高华：朝阳下的树

330   丽君：栅栏内外

332   胡军：来一碟茴香豆

334   李家新：银币上的帆船

336   林承复：追踪先生足迹

340   黄务昌：清冷由木性

346   徐鸿兴：从垄上走过

"朱雀桥边野草花，乌衣巷口夕阳斜。旧时王谢堂前燕，飞入寻常百姓家。"这是唐代诗人刘禹锡的《乌衣巷》，写到了名胜，也写到了风景。风景名胜是中外藏书票艺术家都乐于表现的题材，并不限于著名景点，中国藏书票艺术家特别擅长细小之处的微观表现，一条河流、河边的一只小鸟、小鸟旁的一朵小花、小河上的一座小桥、小桥旁的一棵树、树枝上的一弯月牙儿、书房的一扇小窗、田野上的牧童、劳动者劳作的场景……

　　凡是美好的画面，凡是与大自然相生相融的美好事物，大到日月星辰、天地宇宙，小到一屋、一檐、一门，都可进入中国藏书票艺术家的视野，成为风景藏书票杰作。所以，《朱雀桥边乌衣巷：风景名胜》表现的重点是风景和美好的画面，兼顾名胜古迹。

杨可扬：粗线条的冲击力

与其他藏书票艺术大师相比，杨可扬开始藏书票创作较晚。一个偶然的机会，杨可扬受邀为在香港举办的"上海书展"创作了一枚藏书票《木版基金会》，这是他的第一枚藏书票。"从此以后，藏书票便成了我版画创作中一个很感兴趣的体裁，而且这种兴趣，十年来始终不衰。"

错落有致的屋檐，展现东方文化的精妙。采用仰视镜头的视点，透过充满灵性的建筑形式，展示了飘逸、高邈的神思。

方形的线条，圆点缀其中，体现了方与圆古老哲学的辩证。

含蓄的青灰色调，在冷色中透出明快舒畅的旋律。

怀旧的情绪弥漫，青灰色调中散布着四块白色地带，洁净而明朗。正是夕阳西下时，阳光照射，光影反差。

宋体字在这里舒展，古雅的"木版"将我们带回线装书时代，相对应的草书"福"字，使凝滞的画面生动起来。

在画面的中央，吊着一串红红的灯笼，也吊起了我们一串串对古老街市繁华盛世的回忆。

鸟群飞过屋顶，古代、现代和未来，在翅膀的启合间，时光流逝。江南古镇，又有了动感的流韵。

◆ 木版基金会

杨可扬2001年作

红日在大海上冉冉升起，船儿扬帆启程。

杨可扬惯有的粗阔线条在《拥抱太阳》这张藏书票里呈现出强烈的视觉冲击力，只有黑、红两色，和广袤无边的白色。

◆ 拥抱太阳

杨可扬2001年作

　　杨可扬的木版藏书票风格质朴、浑厚而凝重，看一眼就能给人留下深刻的印象。然而，仅有粗重，可能囿于瘦硬和干涩，杨可扬还有细腻的一面，在一些细节处又不失秀丽，这些细腻和秀丽往往隐藏在易被人所忽略的地方，细细品味，常常出人意料，平添隽永的魅力。

　　杨可扬十分重视黑白的强烈对比，他说在天然的光源下，什么东西都不是简单的黑与白，在黑与白之间，有着复杂的中间调子。他既不善于也不喜欢这种中间调子，于是，便有意地把这种中间调子从画面上排除……比如某一中间色，根据画面总调子的需要，或者把它提亮，变成白，或者把它压暗，变成黑，使复杂的中间色调向黑与白两极归并，造成强烈的视觉效果。从《木版基金会》《拥抱太阳》，到《新世纪藏书》《绿色奥运》等藏书票，我们可以看到这种单纯色调在对比中产生的艺术震撼力。

◆ 新世纪藏书

杨可扬2001年作

赵志方：简洁幽远的意境

远山的处理简洁而悠远，撩人情思，令人神驰。

白鹭线条流畅而老到，它独立于青草芊芊的河畔，姿态优雅，神态闲适，与远山融为一体，唯我独尊，又如入无我之境，无欲无求。而草丛中两只毛茸茸的小鸟，又使人看到了白鹭充满母爱的慈祥。

《山野白鹭》这张小小藏书票充分显示了老艺术家纯熟老到的艺术技巧，画面的调子是迷蒙的青绿色，加上纤细稀疏的小草，这一切都给人一种淡淡的秋的哀伤和凄清。

然而，在黯淡的绿色之中，一缕淡淡的黄色，如金色的闪电将我们的视觉唤醒，就是这两只可爱的雏鹭，把我们带到了春天。

这里，我们可以把握老艺术家丰富而复杂的情思：绚丽归于平淡的人生，心绪被深秋平和的色调笼罩着，然而，其实这是萌动着生命活力的春天。

乍一看来，这是深秋的景色，细细观赏，我们可以将其看成烟雨蒙蒙的初春。

此外，清晰和朦胧的对比也在矛盾中产生了和谐的艺术效果。纤细或精细的线条，老辣的笔触，耐人咀嚼。

◆ 山野白鹭

赵志方1999年作

藤蔓交织的老树上，七只小鸟或蹲立树枝，或振翅翩飞，黑色的翅膀、白色的腹部，凝聚着作者对鸟的深入观察。浓厚的底色富有层次感，恰到好处地表现了林木森森的浓荫，几株红果为画面增添了不经意的暖色。篆书"侯勇藏书"，线条纤细，如锥画沙，透出古典的文雅之气。

◆ 侯勇藏书

赵志方1999年作

陈宏先生指正　　赵志方99

陈雅丹：探路者

草原上的小路飘带一般，洁白的芦花欣欣然地开放着。在遥远的地方，路渐渐消逝。思念若隐若现，淡淡的愁绪路一般飘荡。伸向遥远的路是对未知的探求和期冀，对理想的追求和对未来的探索，不会消逝。打开的书，亦是通向未来的路，是开满星星一般的芦花的路。这是《未名书库》藏书票带给我们的想象的意境。

这张藏书票表现的是鲁迅的那句关于路的名言。1921年1月，鲁迅在《故乡》的最后一段中写道："希望是本无所谓有，无所谓无的。这正如地上的路；其实地上本没有路，走的人多了，也便成了路。"

这张藏书票是作者精神世界的展现。在艺术上，陈雅丹始终在探索新路，从未停下脚步。在生活中，她总是敢为天下先——做第一个去南极的画家、第一个走进罗布泊的女画家、第一个……她创造了无数个第一。路是人走出来的，她带着理想走向远方，在追求新的生活和艺术的实践中，走出了一条自己的路。

《未名书库》是一张电脑藏书票，电脑藏书票是现代社会科技进步的产物，它是用电脑设计制作通过打印机打印出来的，因此是介于版画原作和印刷品之间的准印刷品。由于它是通过现代机器批量生产，并非采用版画形式制作的传统概念的藏书票，自然没有版画技法制作的藏书票收藏价值高。故而本书基本不收入电脑制作的藏书票。但陈雅丹这枚电脑书票有隽永的艺术魅力，是个例外。

◆ 未名书库

陈雅丹1999年作

在《雅丹的书》这张藏书票中，打开的书页，呈现乱石嶙峋的山丘和戈壁滩，戴帽子的女子驾驶一辆吉普车风驰电掣，扬起的沙石被甩到另一张书页打开的小窗口外——这个小窗口的设计真是神来之笔！飞沙的模糊处理亦给人流动的镜头感，整个画面匠心独具，灵气飞扬，异想天开的俏皮中见才情。

陈雅丹喜欢车，喜欢高速飙车，戈壁给了她这不羁的灵魂自由驰骋的辽阔天地，她不甘心于平淡的生活，敢于冒险，所以这张藏书票正是她的性格和经历的真实写照。

1987年，陈雅丹随中国科学家考察队远赴南极乔治岛，媒体称她为"世界上第一位登上南极洲的女画家"。她在那里采风、写生，创作了三个月，向我国驻南极科考站的科学家们赠送了从祖国专程带去的22位艺术家的100余件藏书票作品，还为科考站绘制了22平方米的大幅壁画。当年的《人民日报》发表了介绍她南极行的报告文学《三个太阳》，轰动美术界。

1988年，陈雅丹追寻她深爱的父亲——著名地球物理学家陈宗器先生（1960年辞世）五十多年前科考探险的足迹，从乌鲁木齐至鄯善、龙城、土垠、楼兰、湖心地带，直至阿尔金山北部米兰，历时近一个月，行程近1000千米，走出了一条艰险而独特的艺术道路。

◆ 雅丹的书

陈雅丹2010年作

沈延祥：飞向大海星辰

大地上绿树生长，天空中大雁飞来。三棵树布局错落有致，每棵呈半圆形构图，枝叶葳蕤，亭亭如盖；天空中飞来的六只大雁排列井然有序，四只大雁的翅膀向上，两只大雁的翅膀向下。富有装饰性的设计，简洁而精妙。

渐变的色彩从下而上变成高远的蓝天，画面干净、明亮，色彩淡雅而悦目，一派春意盎然的景色。

《雁归来》是沈延祥的一件早期藏书票作品，创作于1986年，当时文艺的春天来临，春潮涌动，这张藏书票富有那个时代的气息。

沈延祥回忆说："那一时期，大家做了很多藏书票，票主都是自己，做出后贴于自己喜欢的书上，如这张黑白的；有的是为亲朋好友做的，这张书票票主就是我的学生段光辉，画面的右下方票主位置由他在版上亲自刻制，下角有我的花押'祥'字。"

◆ 雁归来

沈延祥1986年作

图案在一个完美的圆中，犹如海上的一轮圆月。大圆月中有小月亮，圆中的图画是弯弯的月牙挂在树梢，令人想起月上柳梢头、人约黄昏后的美好。

这张《作良藏书》藏书票，设计简洁，独具匠心，具有剪纸的韵味。票主是版画家张作良，他是北大荒版画群体的开拓者之一。沈延祥感激地说："张作良任天津美协副主席、秘书长期间，非常支持我们创作藏书票。在他支持下成立了天津藏书票研究会，组织美协驻会工作人员一起做藏书票，曾在天津美协展览馆成功举办第一次藏书票展。此藏书票就是那时的友情之作，送他数枚，他很喜欢。"

◆ 作良藏书

沈延祥1987年作

日、月、星、辰，蓝天飞鸟，高原白塔，沈延祥的两枚腐蚀版藏书票并没有具象的风景，他通过点、线和色彩变化的运用，形成了高度抽象的意境，给人留下了无限的想象空间：《玉华藏书》，寓意飞鸟翱翔，灯塔导航，飞向理想；《鸿鸿藏书》，寓意星月扬帆，继往开来，前程似锦。

《玉华藏书》票主吴玉华是集邮爱好者，20世纪80年代，她在北京《光明日报》宣传栏里看到沈延祥的彩色铜版藏书票，很喜欢，于是通过通信建立了联系，神交多年。1990年秋，沈延祥和廖有楷到西部采风，在西宁去她家拜访，看了她的收藏品，还有启功给她写的字。高原辽阔、藏风雄浑，白塔在藏区高原到处可见，给沈延祥留下了深刻印象，形成了此书票画面意象。

◆ **玉华藏书**　　　　　　　　　◆ **鸿鸿藏书**

沈延祥1993年作　　　　　　　　沈延祥1993年作

陆放：雅致的人文气息

　　湖边邨是杭州一家著名的五星级酒店，紧邻西子湖畔，坐落于湖边邨建筑群。

　　20世纪30年代，时任安徽省主席，安徽、浙江两省公路总督张义纯修建了湖边邨建筑群，出租给当时的中产阶层。中华人民共和国成立后，湖边邨作为杭州市政府机关宿舍使用。2007年，湖边邨建筑群被列为文保、历保建筑。2010年，湖边邨建筑群拉开改造序幕。2012年4月，湖边邨酒店诞生，这是一家集商务、度假、会议、娱乐于一体的精品五星级酒店。

　　作为一家富有人文气息的特色酒店，需要著名艺术家增添艺术气息，酒店经常邀请陆放参与活动，陆放应邀创作了这张藏书票。

　　《湖边邨》藏书票取材自湖边邨最具代表性的实景，也是湖边邨酒店网站首页图。藏书票表现了两边青砖墙夹峙的院落大门，门框为长条青石，门前耸立着一方气势沉稳、雄奇伟岸、体现"瘦、透、漏、皱"美石要素的灵璧石，更有兰草等植物点缀两边。黑瓦青砖，高墙深院，藏书票表现了湖边邨闹中取静、极尽雅致的一角，聚焦文化元素，以材质、肌理、空间序列、颜色组合诠释历史意义的现代延展性，融合呈现出低调的奢华与典雅，使空间具有明显的性格。观赏这张藏书票，恍若回到20世纪30年代。

◆ 湖边邨

陆放2014年作

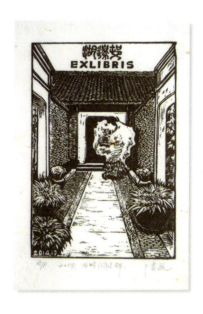

莫测：暮年风景

这是莫测近年创作的几张藏书票，此时的莫测，已是年近九旬的高龄老人，疾病缠身。2017年3月到11月初，笔者多次和莫测通电话，他的身体日渐衰弱，上下楼都很困难，已不住在自己的家里，而是住在儿子家里，以便有亲人在身边照应。

就是在这样的身体状况下，莫测仍难以舍弃他心爱的藏书票，2015年创作出了《萱萱存书》，2016年创作了《萱萱藏书》，2017年创作了《北山堂藏书》《爬坡》。此时的莫测，视力已大不如前，握刀的手也已疲乏无力，但他凭着对藏书票的热爱和高超的技法，仍然刻出了极富生活气息的作品，一如他往昔的风格，但更为老到圆熟，炉火纯青。

◆ 萱萱藏书　　　　　　　　◆ 北山堂藏书

莫测2016年作　　　　　　　　莫测2017年作

　　《爬坡》构图极简，只有一条倾斜的道路，白色道路如一缕强光，照耀着向上骑行的两个轮子。画面虽不见骑车人，但向上而行的陡峭坡度预示着每骑行一步都要付出巨大的努力！

　　这分明是老年莫测的自比。生命或已渐近终点，他已感到来日不多，但他仍在奋力前行，希望骑过这道坡坎，欣赏到更多的人生美景，同时也创造更多的美景。

　　诗言志，藏书票亦言志，从这张藏书票上，我们不仅看到了这位老艺术家的心态，也看到了他老骥伏枥、志在千里的情怀。

◆ 爬坡

莫测2017年作

张家瑞：古拙而雅致

半开半掩的木栅栏门后面，是一条伸向丛林的小路，林木森森，植物茂盛，错落的光影，梦幻般地波动，路的中间，一个老人手持拐杖，走向丛林深处。人在时光和丛林中显得渺小而倔强，梦将我们引向幽远，在对未知探索的路途中，老人孤独而坚强地前行，走向历史深处……这里便是陈寅恪在中山大学的故居。

陈寅恪是史学大师，他提出的"独立之精神、自由之思想"，成为中国学术界的信仰。

《中山大学陈健史学藏书》，清新丰满而诗意盎然，空寂悲怆而意境幽深，表现了张家瑞藏书票的另一种风格。

◆ **中山大学陈健史学藏书**　　　　◆ **中山大学藏书**

张家瑞 2002年作　　　　　　　　张家瑞 2002年作

《青溪书屋藏》是一幅风景画，恍若回到古代，回到古代读书人生活居所。双色画面简洁而疏朗，奏刀利索，线条刚劲，古拙而雅致。

◆ 青溪书屋藏

◆ 大雁塔

张家瑞2005年作

张家瑞 2005年作

许英武：浓郁的新疆风情

从票主名字看，《中村林藏之书》这张藏书票是许英武为日本友人中村林藏创作的。画面上是两个维吾尔族男人，一个是卖西瓜和哈密瓜的，蹲着；一个是挑选瓜的，弯腰拣选。这本是平淡无奇的集市小景，但许英武将这一平凡小事引入画中，便具有了生动、朴实、亲切、自然的感人魅力，带人置身于富有浓郁新疆风情的场景中。

◆ 中村林藏之书

许英武2001年作

刘晓东：雨景中的诗意

纵观刘晓东的藏书票作品，其多为木刻，少量石刻，植根于民间美术和传统文化，追求文化内涵，富有民族气派和中国风格；有扎实的基本功，严谨的创作态度；表现手法博采众长，中西合璧；艺术风格典雅大方，端庄凝重，而又散发出一种内敛的灵气。

《江南雨》《元瑛之书》《一达藏书》三张藏书票都是表现江南雨季的，每张画面不同，但斜风细雨相同，每张角度不同，雨丝的线条却同样富有表现力。水乡古镇的河流、小渔船、古桥、石板路、白墙黑瓦的民居建筑，一下子就将人们带到了江南水乡特定的地域风情中，而密集的雨丝也为这些特定的场景增添了诗意。

这三张藏书票技法娴熟，构图别具匠心，重重叠叠的古民居次第展开，打伞的人如音符在旋律中婉转跳荡，与河中的小船一起为画面带来浪漫的动感。繁杂的建筑并不显杂乱无章，而是呈现出原生态的真实生活状貌，经过艺术家高超的构图处理，层层递进，叙事抒情，有条不紊，小画幅的藏书票，展现出了大版画的艺术效果。

◆ 江南雨

刘晓东作

◆ 元瑛之书

刘晓东作

◆ 一达藏书

刘晓东作

《胡同深处》并未着意表现胡同的幽深，而是选取胡同深处的几间老房子，采取写实的手法，一刀一刀地刻画，使寻常的生活化场景促人联想、遐思，更具有真实的艺术力量。

高高耸立的白塔，浓荫下的四合院，云天中翔集飞舞的鸟儿，使平凡变得不平凡，庸常生活闪烁着浪漫主义和理想主义的光辉。或许，只有生于斯长于斯的北京人，才能感受到这寻常生活中的恬静、浪漫，只有北京人刘晓东，才能如此深情地刻画出北京胡同深处的诗意。

骑车人正在经过胡同深处，定格在老屋白墙前，成为画面的焦点。建筑是凝固的，有了人，有了和人相呼应的天空中的鸟儿，静止的画面变得灵动而富有活力。温馨而熟悉的记忆，重被激起。

◆ 胡同深处

刘晓东作

　　表现大海的题材在刘晓东的藏书票作品中不多见，所以《大海你好》对于刘晓东具有独特的意义。在风格上，这张藏书票构图饱满，线条粗壮，无论是船还是海鸥，抑或是海水波纹，都以粗拙的线条表现，显得粗犷豪放。

　　刘晓东是北方人，面对大海，可能会感到很新奇和兴奋。整幅画面洋溢着这种浪漫的激情，正如船头一位男子张开双臂面对大海大声呼喊"大海你好"时所表现出的兴奋一样，作者激动昂扬的心情表露无遗。因为兴奋，大海的波浪在整个画面上波动，表现出海天一色的辽阔和壮美。

◆ 大海你好

刘晓东作

姜琳：发现云南古镇之美

　　或白墙黑瓦，桃花满树；或飞檐冲天，古朴典雅；或石板路曲径通幽，红灯笼高高挂起；或古街老巷店铺林立，背包客人如潮涌动……这是传统与现代的对接，古典与时尚的对话，精神与物质的碰撞，人文与风景的交融，自然与人的合一。

　　"张嵩祖藏书"是姜琳2020年创作的系列藏书票，笔者收藏的共有11张。该系列采用木刻绝版油印技法，每种印数40—43张。

　　云南是中国最佳旅游目的地之一，古镇是云南独特的旅游资源。随着20世纪末旅游热兴起，很多养在深闺人未识的古镇被游客发现，古镇向世人展示其或朴素、或骇世惊俗的美。

　　作为生活在云南的画家，姜琳游走云南古镇，不仅是以游客眼光看古镇，更是以画家的视角看古镇，发掘古镇之美。"张嵩祖藏书"系列是他观察、体验古镇的结果，也是他艺术提炼、将日常生活升华的尝试。

　　这是姜琳发掘的一个独特题材。此前不是没有云南古镇藏书票，但多是单幅的，如此成系列11幅表现云南古镇，在藏书票创作实践中尚属首次，拓展了系列藏书票的题材领域，也为藏书票创作取材"深挖一口井"提供了借鉴。

◆ 张嵩祖藏书（一）　　　◆ 张嵩祖藏书（二）

姜琳2020年作　　　姜琳2020年作

构图上别具匠心，每一张藏书票只取一个角度，只描绘一个局部特写，每一个特写都具有典型性，以小见大。这也是由藏书票画幅小巧决定的，藏书票通常只有巴掌大，大者也大不过32开，如此小巧的画幅，不易容纳宏观的场面和全景式的画面，只能选取风景的一角。

这对艺术家提出了更高要求，要求艺术家必须更精准地取舍，更细致地刻画，将这小小的一点发挥到滴水见太阳，达到窥一斑可知全豹的效果。这是姜琳所追求的，"张嵩祖藏书"系列达到了这一艺术效果。

在色彩上，"张嵩祖藏书"系列藏书票不求亮丽，不求绚烂，而是采用深沉的冷色调处理，浓重的黑色带来深厚的历史感。

淡淡的暗黄色与黑色叠加，犹如泛黄的老照片，配合连环画店铺的画面，唤醒了童年的回忆；与珠宝店画面相配，增加了怀念旧时光的惆怅感。

淡淡的暗蓝色与黑色叠加，产生一种文静安祥、美丽洁净的沉稳从容，一点点红色或黄色，就能跳出画面令人惊艳；一点点白色，就像一缕耀眼的阳光，给人带来强烈的明亮感。

淡淡的暗红色和黑色叠加，犹如嫣红的晚霞和夕阳，照射在古门楼和花树上；或桃花盛开，在白墙黑瓦

◆ 张嵩祖藏书（三）　　　　◆ 张嵩祖藏书（四）

姜琳2020年作　　　　　　　姜琳2020年作

的映衬下，分外妖娆，连天空都被染红了，就像相机加滤色镜拍出的画面，给人梦幻般的感觉。

深沉幽暗的色调，切合古镇的淡泊宁静。冷色中的温煦，哪怕小小一点暖色，都给人带来勃发的生机。

色调的取舍似乎是一把双刃剑，更亮一点、更艳丽一点，或许更悦目一些，能取悦更多人，然而，也同时失去了人文意蕴的坚持。在"张嵩祖藏书"系列中，可以看得出姜琳不媚俗的艺术个性，还有探求中的坚守。

11张同题藏书票票主仅有一人，这是不同寻常的。票主为上海美协版画艺委会顾问张嵩祖。姜琳和张嵩祖都是军人出身，但姜琳选择张嵩祖作为票主，绝不仅仅因为他们都具有严谨豁达的军人气质，而是向老一辈艺术家致敬。张嵩祖也是一位不媚俗的精益求精的版画家，其黑白木刻名人肖像藏书票独树一帜，堪称楷模。

◆ 张嵩祖藏书（五）　　　◆ 张嵩祖藏书（六）

姜琳2020年作　　　　　姜琳2020年作

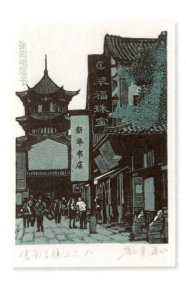

◆ 张嵩祖藏书（七）　　　◆ 张嵩祖藏书（八）

姜琳2020年作　　　　　　姜琳2020年作

◆ 张嵩祖藏书（九）

姜琳2020年作

◆ 张嵩祖藏书（十）

姜琳2020年作

◆ 张嵩祖藏书（十一）

姜琳2020年作

丁金胜：心旷而神怡

　　春江水暖鸭先知，《咸跃藏书》是一张四季题材的藏书票。浮在水面上的鸭子，传达出了春天的讯息。

　　水作为前景，占据了近半的画面。淡蓝色的水波纹通过水印技法处理，呈现出水波有规律的动感。浅灰色的浮云，水乡古镇白墙黑瓦的建筑，显得分外静寂。在水中游弋的一群黑色和白色的鸭子，使画面变得生动起来。

　　窄窄的小巷，高翘的飞檐，白墙黑顶的民居，古老的石板路。在《国华藏书》中，作者通过黑白灰三色的处理，刻画出原生态的古镇之美，表现了对中国传统文化的热爱。

◆ 咸跃藏书　　◆ 国华藏书

丁金胜2011年作　　丁金胜2011年作

　　《林泉藏书》题名可为"骆驼的行旅"或"沙漠驼铃"等。画面构图呈S形，沙漠分为近景、中景和远景三个层次。沙漠间两处留白，前面的留白如一汪湖水，后面长河般的留白应不是河流，而更似云雾。高处的沙漠在云雾缥缈中，更显晨景之美。

　　黑色的骆驼列队前行，骆驼近大远小，绕湖而行。骆驼是沙漠之舟，为人类无私奉献，藏书票表现沙漠风情，亦凸显了骆驼坚忍不拔的精神。

　　丁金胜擅长采用水印木刻技法表现波纹，在这张藏书票上，他将水印波纹技法使用在表现沙漠上，深浅相间的赭黄色准确地表现出了沙漠的真实状貌。

◆ 林泉藏书

丁金胜2011年作

浅灰色的淡墨，表现出了古典的院落，这是文人雅士之居所，院内院外遍植梅兰竹菊，与票主身份相吻合。

票主陈虹在报社工作，是一位藏书票艺术家，也是一位藏书票收藏家。

画面上端，院落之外，远处散布点点帆影和白鸥，呈现"孤帆远影碧空尽，唯见长江天际流"的意境。

淡雅的画面背景之上，《陈虹藏书》以浓墨印制，再配合两方红色印章，这张长方条屏藏书票，显得分外别致。

《南屏晚钟》是丁金胜2011年为山东藏书票收藏家杨广超创作的一张藏书票。画面并未描绘钟的图案，而是用绿树掩映中寺庙黑色的檐角，夕阳下的满天红霞，烘托出了南屏晚钟的氛围。虽未见钟，但我们听到了晚钟袅袅的余音。

◆文华之书（七）　　　　　　◆文华之书（八）

罗保根2015年作　　　　　　罗保根2015年作

◆文华之书（九）　　　　◆文华之书（十）

罗保根2015年作　　　　　罗保根2015年作

◆文华之书（十一）　　　　◆文华之书（十二）

罗保根2015年作　　　　罗保根2015年作

宁积贤：山西农村小景

　　宁积贤是表现山西农村小景的高手。这两张《积贤书票》充满浓郁的生活气息，具有亲切、质朴的写实风格，构图讲究，层次分明，饱含情感。圆熟的艺术技巧，使得它富有醇厚、朴实、感人的艺术魅力。

　　早在1998年，笔者就开始和宁积贤书信往来。那时，笔者迷恋藏书票，收藏参加过全国藏书票大展和海外藏书票展的藏书票艺术家作品。笔者给宁积贤发了一封求藏的信，很快，他给笔者寄来了两张1999年创作的藏书票《积贤书票》，笔者将其命名为《山乡小河》和《老居古树》。

　　至今笔者都认为，这两张藏书票是他的精品藏书票，并作为珍品珍藏着。

◆ 积贤书票（一）　　◆ 积贤书票（二）

宁积贤1999年作　　　　宁积贤1999年作

邵明江：意象纷呈

　　铺天盖地的芦苇在风中摇曳，一只鸟儿在芦苇丛中飞翔，两只鸟儿在云端眺望，抑或在湖畔踟蹰。《故乡的风》这张藏书票疏密有致，将人们带到梦幻般的诗境。

◆ 故乡的风

邵明江1989年作

　　这三件都是邵明江1989年创作的作品，其中《故乡的风》和《雪纷纷》没有藏书票拉丁文"Ex Libris"标识，属于小版画，但画幅同藏书票大小，画面也具有藏书票特点，只要加上"Ex Libris"标识，就是两件完美的藏书票作品。

◆ 雪纷纷　　　　　　　　◆ 明江藏书

邵明江1989年作　　　　　　邵明江1989年作

　　欧洲木版基金会是一个集木版画创作、研究和收藏于一体的世界性权威机构，杨可扬、张家瑞等艺术大师都为其创作过高水准的藏书票。邵明江为木版基金会创作的这组藏书票，构思独具匠心，画面饱满繁复，意象纷呈，令人目不暇接，每一张都是精心之作，堪称经典。

　　其中2001年创作的《木版基金会藏》，采用对称的手法，从水中的双鱼，到陆地上的奔鹿，再到天空中的喜鹊和飞鹤，都成双成对，体现了中华文化好事成双的民俗寓意。

　　构图是西方的（有早期欧洲纹章藏书票的图案韵味），然而，太极图和莲花等元素又是中国的；女子手牵手行走的画面多见于西方构图，而连年有余则是中国民间木版年画常见的意象。为木版基金会创作藏书票，自然而然，邵明江在画面上融汇了诸多元素，中西合璧。

◆ 木版基金会藏书票　　　　◆ 木版基金会藏

邵明江2003年作　　　　　邵明江2001年作

章飚：聚焦安徽民居

　　章飚眼中的风景聚焦于安徽民居：古树、老屋、拱桥、石板路。

　　章飚的古民居藏书票构图简洁精巧，色调厚重而和谐，有油画效果，一下子就能将人们带入徽派古民居的氛围中。

　　中国民居建筑向有"北在山西，南在安徽"之说，晋中大院高墙深宅、深邃富丽，安徽民居则清雅朴素、空灵俊秀。

　　徽派古民居多在安徽省的南部。这些古民宅大都用砖木作建筑材料，周围建有高大的围墙。围墙内的房屋，一般是三开间或五开间的两层小楼。

　　比较大的住宅有两个、三个或更多个庭院；院中有水池，堂前屋后种植着花草盆景，各处的梁柱和栏板上雕刻着精美的图案。座座小楼，深深庭院，就像一个个艺术的世界。建筑学家们都称赞那里是"古民居建筑艺术的宝库"。

◆ 徽派民居（一）　　　　◆ 徽派民居（二）

章飚1990年作　　　　　　章飚1990年作

　　徽派民居的代表性集中地在西递村，由于这里保存着上百幢明清时代的民居，西递村及附近的宏村一起被联合国教科文组织列入世界文化遗产保护名录。

　　西递原来不叫西递，叫西川。因为村里有三条溪水，又叫西溪。这里1.5千米以外，有个地方是古驿道，设有一个传递站，所以就改名为西递。

　　西递村建于北宋皇祐年间，这个村庄多数人都姓胡。西递是个非常重视文化教育的村子，历史上人才辈出。村里保存完好的胡文光牌楼，就是明代皇帝为表彰做官32年、政绩卓著的西递人胡文光而批准建造的。20世纪初，西递村的九所私塾合并成了"明经学校"。

◆ 徽派民居（三）

章飚1990年作

　　西递村对文化的重视是融入古建筑中的。随便走进一户人家，无论房檐还是屋角，都可以看到精美的木、石雕刻，房屋贴有警示后人的楹联。这些古朴大气的民居，可以说是祖先为胡氏后人们留下的一笔财富。

　　欣赏章飚创作的民居系列藏书票，仿佛读到一个个关于安徽老民居的传奇故事。

◆ 徽派民居（四）

章飚1990年作

刘长青：质朴黑白亦惊艳

在《山村》这张藏书票中，驴子走在归程上，鸡儿在觅食，村姑从石板路上走来。飞鸟投林的暮色中，山村静谧而安祥，错落有致的小屋，神秘的黑色山脊，体现了天人合一的融洽和美感。

乌篷船在潋滟波光中静静地停泊着，而鲁镇的酒店永远是喧腾的。

正午的阳光照耀着石拱小桥的一角，置身鲁镇，我们仿佛闻到了孔乙己咂着茴香豆的清香。

刘长青的山村古镇系列藏书票，给人一种艺不惊人死不休的惊艳感。

刘长青的《鲁镇的酒店》取材自鲁迅的小说《孔乙己》。

孔乙己是清末一个下层知识分子。他苦读半生，热衷科举，一心向上爬，在四书五经中耗掉了年华，落到即将求乞的境地。他不肯脱下那件象征读书人身份、又脏又破的长衫，说起话来满口之乎者也，时刻不忘在人们面前显示自己是与众不同的读书人，甚至当别人戏弄他时，他还一再表现出自命不凡、孤芳自赏的傲气。只有当人们触到他灵魂深处的疮疤——"怎的连半个秀才也捞不到"时，他才立刻颓唐不安。

◆ 山村

刘长青2000年作

作者多次写到哄笑。孔乙己在哄笑声中出场，又在哄笑声中死去。孔乙己的存在只是起到使"店内外充满快活的空气"的作用。"没有他，别人也便这么过。"咸亨酒店里酒客们的冷漠和麻木，正是鲁迅所针砭的病态社会的毒瘤。当孔乙己不知去向时，掌柜的只记得"孔乙己还欠十九个钱"，而没有人真正地关心他。逐渐地，孔乙己被人们遗忘了。

刘长青创作的《鲁镇的酒店》藏书票，表现的就是这样一个故事。

◆ 鲁镇的酒店

刘长青2000年作

吴家华：大写的人

吴家华眼中的风景往往和读书有关，即使是表现游泳健身，也不忘读书。因为身体是革命的本钱，身体也是读书的基础，只有身体健康，才能保持旺盛的精力读更多的书。

这张《家华藏书》藏书票将健身和读书的情景融为一图，文字呈弧形波浪纵横画面，与下面的水波纹在形式上呼应，又自然地隔开了上图搬运图书和下图游泳健身的场景，构图巧妙，别开生面。

《采然存书》刻画一个大写的人，站在如巨书模样的楼宇中间，伸出双臂，拥抱正在升起的光芒万丈的太阳。体现了1990年代"尊重知识，尊重人才"的时代特征，以及"知识就是力量"的时代强音。

◆ 家华藏书　　　　　　　◆ 采然存书

吴家华1998年作　　　　　吴家华1992年作

张文荣：架起文化交流桥梁

张文荣的风景名胜藏书票中的桥系列，画面采取大量留白，这些表现桥梁建筑的藏书票，其线条不同于他的山景作品的密不透风，而是疏密相间，显得空灵而又富有余韵。

张文荣钟爱风景名胜题材，他创作的风景名胜题材藏书票主要有三大类：一类是公园风景，一类是名胜古迹，一类是著名景点。这三类风景名胜题材中，又分为多个专题，如桥专题、纪念馆博物馆专题、遗址故居专题、古亭专题、古建筑专题等。这组藏书票就是他的古亭古建藏书票代表作。

这组遗址故居专题和纪念馆博物馆专题，表现了张文荣对人文历史和名胜古迹的爱好，对伟人的敬重和他的爱国主义情怀。

◆ **文川之书**　　　　　　　◆ **江西龙源口**

张文荣2003年作　　　　　　张文荣2004年作

　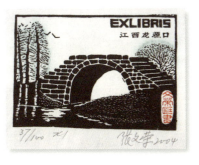

◆ 木拱廊桥　　　　　　　　◆ 河北省赵州桥

张文荣2005年作　　　　　　　张文荣2005年作

◆ 趵突泉 　　　　　　　　◆ 水乡古镇

张文荣2003年作 　　　　　　张文荣2004年作

◆ 镇江白龙洞　　　　◆ 爱晚亭

张文荣2005年作　　　　张文荣2003年作

◆ 中国化工摇篮　　　　　　　　　◆SODA

张文荣1999年作　　　　　　　　张文荣1999年作

◆ 毛泽东故居

◆ 显功珍藏

张文荣2003年作

张文荣2003年作

◆ 中国甲午战争博物馆　　　　　　　　　　◆ 威远炮台

张文荣2001年作　　　　　　　　　　　　张文荣2003年作

这组藏书票一如既往地表现出张文荣对中华名胜古迹的浓厚兴趣。他的风景名胜藏书票中往往有一个焦点，这个焦点有时是由一个或两个小小的身影体现出来的，这行走或运动的人物使得静止的画面生动鲜活起来。

张文荣创作的藏书票受到了中外收藏者的喜爱，这些藏书票还为张文荣带来了跨洋友谊。张文荣创作的藏书票入选美国、法国、意大利、比利时、瑞典、波兰、乌克兰、南斯拉夫、俄罗斯、德国、日本、斯洛伐克等国藏书票展览，因此引来不少外国友人来信索取或提出交换。张文荣有一抽屉中外友人的来信，他靠创作藏书票结交了很多国家的"票友"。

斯洛伐克的皮特先生在信中说："我在一个藏书票展览上有幸见到您的作品，非常喜欢，我不仅很想跟您交换收藏，更想通过这种方式交流我们两国民间不同的文化……"

一位法国艺术家寄来6张法国藏书票和热情洋溢的信，称赞张文荣的藏书票有浓郁的中国特色和天津特色，欣赏就是享受。

◆ 回马岭   ◆ 洙水桥

张文荣2000年作   张文荣2000年作

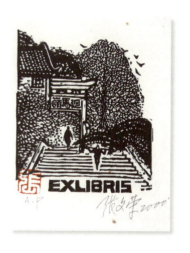

◆ 一天门

张文荣1997年作

◆ 山海古亭

张文荣2001年作

◆ 古井　　　　　　　◆ 山门

张文荣2003年作　　　张文荣2001年作

◆ 阶梯

◆ 布达拉宫

张文荣2001年作

张文荣2000年作

颜复兴：淳朴的山村小景

炊烟升起来了，新月升起来了，山村之字形的路上走着淳朴的山民，小狗摇动着尾巴在后追逐。《复兴藏书》充满浓郁的乡土气息。

颜复兴的山村小景黑白木刻藏书票《小夫珍藏》，表现了山村小路的诗意，构图别致，感情真挚，画面饱满而层次分明，富有生活情趣。

◆ **复兴藏书**　　　　　　　　◆ **小夫珍藏**

颜复兴1999年作　　　　　　　颜复兴1991年作

叶枝新：独特的飞机题材

　　叶枝新的版画藏书票作品很多与飞机有关，飞机成了他的"专利"题材。他的飞机藏书票系列题材具有独特性，多次参加国内外的展览，总给人别开生面、耳目一新的感觉。

◆ 枝新藏书（一）   ◆ 枝新藏书（二）

叶枝新作   叶枝新作

◆ 枝新藏书（三）

叶枝新作

◆ 枝新藏书（四）

叶枝新作

　　《枝新读书·枝新爱书·枝新藏书》藏书票还有两个名称，一是以画面背景命名的《朝霞》，另一个是以画面上面的文字命名的《庆祝一九九七年香港回归祖国》，该藏书票以飞机为主图，是叶枝新飞机系列藏书票中的一张。

　　1997年为欢庆香港回归祖国，叶枝新激情洋溢地创作了一套5枚专题纪念藏书票，其中有的描绘了机群编组翱翔云端的英姿，有的刻画了飒爽雄鹰起落盘旋的情影，有的则聚集了五彩喜报飘落九天的瞬间，这组飞机系列藏书票色彩和谐悦目，真实生动，人们欣赏之余，记住了作者的名字——叶枝新。

　　《新世纪藏书票艺术鉴赏展纪念》，是叶枝新为2001年1月1日在中国飞机城西安阎良举行的"新世纪藏书票艺术鉴赏展"设计制作的纪念藏书票。

◆ 枝新读书·枝新爱书
·枝新藏书

◆ 新世纪藏书票艺术
鉴赏展纪念

叶枝新1997年作

叶枝新2001年作

《陕西省首届藏书票展纪念》则是叶枝新为2001年10月举办的"陕西省首届藏书票展"设计制作的纪念藏书票，这两张藏书票都采用叶枝新创作的飞机题材版画为主图。

《2000年枝新藏书》中，五彩的地球，五只和平鸽环绕飞翔，表现了作者对"新千年和平"这一主题的美好祈愿。

◆ 陕西省首届藏书票展纪念　　　◆ 2000年枝新藏书

叶枝新作　　　　　　　　　　叶枝新作

叶枝新创作的中国风光藏书票《丙申藏书》《枝新藏书（五）》是他旅行云南西双版纳的成果，他把旖旎神秘的少数民族风光传播到海外，受到海外藏书票收藏爱好者的喜爱。

◆ **丙申藏书**　　　　　　◆ **枝新藏书（五）**

叶枝新2006年作　　　　　　叶枝新2006年作

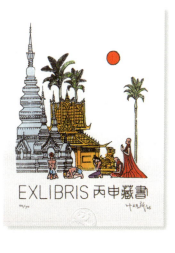

这是叶枝新创作的系列新疆题材藏书票中的3张。

这组藏书票源起于2000年在新疆乌鲁木齐举行的第八届全国藏书票大会。展览结束后，叶枝新参加了新疆美协和画院安排的采风团，纵贯南疆北疆，汽车里程表的总行程超过了5 000千米，因此，画家们称这次活动为"新疆万里行"。一路上叶枝新画了好多速写，交河古城、宏伟的清真寺都进入他的速写本，最终成就了这套新疆万里行的藏书票。

◆ 叶枝新藏书（一）

叶枝新2001年作

◆ 叶枝新藏书（二）

叶枝新2001年作

◆ 交河古城

叶枝新2003年作

张克勤：抒情的牧歌

彩霞满天，淡蓝色的远山之上悬挂一轮红彤彤的夕阳（或朝阳），近处绿色和黄色的山丘上，牧童骑在牛背上吹笛子，画面抒情而富有诗意。

这张藏书票构图讲究，色彩多而不杂，冷色和暖色巧妙渐变，富有层次感。牧童和牛以剪影的形式刻画勾勒，民间剪纸的韵味表现得十分生动。

◆ 牧童

张克勤1986年作

沈有福：白墙黑瓦忆江南

　　沈有福的版画以表现工业题材而著称，画面黑白关系生动复杂，细节丰富耐看，形式上整体统一。而他的藏书票则反其道而行之，表现的多是文艺名人、传统文化和江南古镇，这两张以江南古镇为题材的藏书票是他的代表作。

◆ 有福藏书（一）　　　◆ 有福藏书（二）

沈有福1998年作　　　　沈有福1998年作

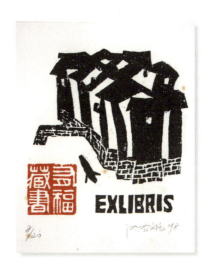

李山瑞：庙宇亭塔的古韵

李山瑞眼中的风景主要是庙宇亭塔。李山瑞的刀法细腻有力，特别是树枝的表现显得苍劲而孤傲，寺庙亭塔有钢笔画的效果，线条流畅，繁简得当。

◆ 山瑞藏书（一）

李山瑞作

◆ 山瑞藏书（二）

李山瑞作

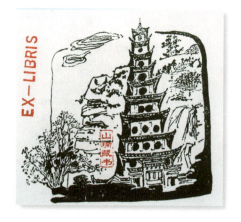

◆ 山瑞藏书（三）

李山瑞作

曾献忠：诗意的北国风光

曾献忠编写过一本《曾献忠钢笔写生集》，展现出他扎实的素描基本功。他是一位抒情诗人，书中每一幅画都配有一首诗。因此，他的藏书票和版画笔触细腻，构思精巧，沉静清润，风格质朴、清新、秀雅而富有诗意。他的藏书票是用一种特殊的木料"山丁子"刻制的模板印制而成，山丁子纹理细腻而坚实，他用这种木料印制了作家系列藏书票。

大地睡了，只有一弯新月，屋脊是白色的，树是白色的，洁白的雪铺展在我们的梦中，大地在雪白的梦里，黑色的夜是透明的。曾献忠给台湾诗人蓝云制作的书票如同一首抒情小诗，精致而明澈。

曾献忠为旅日诗人田原制作的藏书票，春雪落满了屋顶，富有北方清朗的诗意。

曾献忠为台湾诗人向明制作的藏书票，"一颗越晚越亮的金玉米，堂堂正正写入无限秋天的稿纸"。以文稿纸上落满玉米果实，暗示向明在诗的田野耕耘的收获和成就，充满了浓郁的诗情画意。这枚藏书票收入向明《新诗五十问》一书作为插图，传播甚广。

◆ **蓝云书票**　　　◆ **田原书票**　　　◆ **向明书票**

曾献忠1999年作　　曾献忠1999年作　　　曾献忠1999年作

官洪义：封闭的村落

官洪义眼中的村落是封闭的，或四面环山，或四面临水，或林木隐映，如孤岛，如围城，他是要做一个桃花源中人，"不知有汉，无论魏晋""林中木屋存放诗书，读书画画乐在其中"。

他分明是要做一个都市隐士，躲进小楼成一统，管他春夏与秋冬。然而袅袅炊烟是不可少的，一叶小舟是不可少的。

他是要以此同现代浮躁习俗对抗，还是要逃避商业社会利之所趋的纷扰？或是一种清高，或是一种叛逆，或是一种无奈？这三张清雅秀逸的藏书票有一种耐人寻味的哲思。

◆官洪义书屋（一）

◆官洪义书屋（二）

◆官洪义书屋（三）

官洪义作

官洪义作

官洪义作

张长利：淳朴的云南小景

张长利眼中的风景主要是云南小景。坡式的竹楼，袅袅的炊烟，潺潺的流水，古老的榕树……张长利眼中的云南小景充满了浓郁的民族风情。

云南以风景秀丽和风情独具而闻名，元郭松年《大理行记》云："云南州旧名镜州，州北龙兴和山忽五色云起，人以为祥，州居云之南，因改今名。"

◆ 长利之书   ◆ 长利藏书（一）

张长利1999年作   张长利1999年作

云南之名不重要，重要的是云南风景和风情的魅力，从张长利的"云南小景"系列藏书票中，我们可以真实而深切地感受到云南村落的淳朴之美。

◆ 长利藏书（二）　　　　　◆ 长利藏书（三）

张长利1999年作　　　　　张长利1997年作

◆ 长利藏书（四）

张长利2002年作

◆ 长利藏书（五）

张长利1998年作

贺敬才：黑白对比表现有力

在漆黑的天幕上，一轮圆月高悬夜空，就这样仰望明月，可怀思古之幽情，可唱"千里共婵娟"之心曲。

贺敬才的这张《举头望明月》藏书票构图开阔，阴刻达成水墨效果，强烈的黑白对比表现强劲有力。

◆ 举头望明月　　　　　　　　　　　　◆ 午餐

贺敬才1992年作　　　　　　　　　　贺敬才1997年作

滕维平：贵州地域特色

　　层层叠叠的土屋相依相生，滕维平眼中的贵州民居
独具地域特色，线条粗犷，刀法有力，风格鲜明。

◆ 王氏书屋　　　　　　　◆ 维平书屋

滕维平1998年作　　　　　　　滕维平1998年作

黑色砚台构成《为玉书屋》主图，淡蓝色背景布满不规则点线，富有贵州蜡染、蓝印花布等民间工艺特色。

◆ 为玉书屋

滕维平1998年作

白树镛：走进敦煌

白树镛不用敦煌壁画而取敦煌大门，比喻段文杰著《敦煌石窟艺术论集》是进入敦煌艺术之门的向导。不着一字，实际上已经赞美了这部作品之堂奥，恰切而巧妙。

◆ 敦煌石窟艺术论集

白树镛1997年作

王嵘：上海欢迎你

　　王嵘创作的"98上海旅游节纪念"系列藏书票均为石刻创作，采取丝网版印制，画面选取上海有代表性的旅游景点进行刻画，收到使人窥一斑以知上海全貌之效果。

　　其中《98上海旅游节纪念·豫园》藏书票，取九曲桥和豫园亭一角，水波荡漾，树影轻摇，表现了喧嚣都市月光下恬静的一面。

◆ **98上海旅游节纪念·豫园**　◆ **98上海旅游节纪念·外滩**

王嵘1998年作　　　　　　王嵘1998年作

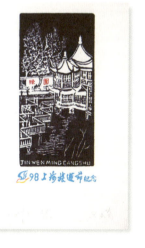

◆ 98上海旅游节纪念·杨浦大桥

王嵘1998年作

◆ 98上海旅游节纪念·东方明珠

王嵘1998年作

王建国：巨龙将醒

在沉沉历史的梦里，长城如巨龙酣睡，洁白的月光静静地照在它的身上。

即使是在夜里，它也显得理性、冷峻和壮观。

在点与线、明与暗、阴与阳中，王建国的《楚山书票》作出了自己的探索。

◆ **楚山书票**

王建国1995年作

李山楼：明月照我心

李山楼眼中的月夜是蓝色的月夜，无论是芦花蛛网、山下民居、古树情侣，还是孤鸟寒月，都具有一种静穆的美。

《李山书票·学海无涯苦作舟》，李山楼巧妙地将"苦"字中的一横化为一叶扁舟，学人在苦中求进，苦中有乐，驾舟驶向红彤彤的太阳。

李山楼的另一枚表现太阳的藏书票《丁川藏书》，对旭日东升越过树梢的景象有独到的表现，特别是色彩的交织、渐变的把握十分准确，这种准确的把握来自观察和生活。

◆ **李山书票** ·　　　　　　　　　◆ **丁川藏书**

学海无涯苦作舟

李山楼作　　　　　　　　　　　李山楼作

◆ 林林藏书

◆ 明岳珍书

李山楼作

李山楼作

◆ **山石藏书**　　　　　◆ **孟保珍书**

李山楼作　　　　　　　　李山楼作

洪凯：日出东方霞满天

　　《日出》这张藏书票采用丝网版技法，表现日出东方、彩霞满天的景象，通过色彩的变化和融合，造成梦幻般的意境。

◆ 日出

洪凯2014年作

陶正基：风格厚重苍凉

《正基书票》表现陶正基眼中的大理民居：在渐变的灰黑底色上，以大特写的取景方法，截取最具特色的门楼一角，以银灰色线条表现民居建筑结构和纹理，风格雅致而大气。

《正基藏书·卢沟晓月》没有月，只有冷冷的石头和石头上的深镂文字，以灰和白讲述一个故事，昭示一个哲理，艺术风格厚重苍凉。

石柱上的蟠龙盘旋而上，卢沟桥诉说着历史的屈辱——落后就要挨打，它留给后人这样一条简朴的真理。

◆ **正基书票**　　　◆ **正基藏书·卢沟晓月**

陶正基1993年作　　　　　　陶正基1995年作

陶正：情满乡村

陶正对乡村民居情有独钟，创作了系列民居题材的藏书票。两张《阿鹏书屋》，一张采用水印套色技法，另一张为黑白木刻，表现了偏僻乡村的原生态生活状态，体现了安贫乐道的人生观念，风格纯朴而深情。

◆ 阿鹏书屋（一）

◆ 阿鹏书屋（二）

陶正作

陶正1996年作

王金旭：石刻的魅力

　　王金旭的石刻民居藏书票《金旭藏书》层次丰富，刀法严谨，结构细密，表现了东方深邃的传统文化气息。

◆ 金旭藏书（一）　　　　　　◆ 金旭藏书（二）

王金旭2001年作　　　　　　　王金旭2001年作

文牧江：民居风貌

文牧江《临溪斋藏之》藏书票，刻画山溪旁的高宅大屋，此民居显然是富豪之家和读书人家。

《深藏不露》以门上一对虎头门环表现了古老民居文化的深厚。

◆ 临溪斋藏之　　　　　　　　◆ 深藏不露

文牧江1997年作　　　　　　　文牧江1997年作

邱德镜：三国遗迹存古意

邱德镜创作了大量表现三国故事的藏书票，他刻画的三国古迹多以黑色为背景。

关于三国故事，几乎每个中国人，无论是读书人，还是没有读过书的，都能讲出几则。而邱德镜擅长的是用画面讲述故事。如《三顾处》藏书票，表现的是《三顾茅庐》，这也是《三国演义》中的一段著名故事，后来还成了典故。

◆ 三顾处　　　　　　　　　　　　◆ 汉碑亭

邱德镜作　　　　　　　　　　　　邱德镜作

　　邱德镜这套木版套色三国古迹藏书票共有12张，小
巧玲珑，规制统一，风格协调，构图讲究，高度概括，
具象中有抽象。黑色将观众带入深沉的历史感和幽深的
古意之中。

◆ 古柏亭

◆ 诸葛井

邱德镜作

邱德镜作

◆ **武侯祠大门**　　　　　◆ **茅庐**

邱德镜作　　　　　　　　邱德镜作

◆ 半月台 ◆ 大殿

邱德镜作 邱德镜作

◆ 山门　　　　　　◆ 长廊

邱德镜作　　　　　　　邱德镜作

◆ 读书台　　　　　　　　　　　　◆ 野云庵

邱德镜作　　　　　　　　　　　　邱德镜作

林君：福建民居

林君眼中的福建民居色调淡雅，不规则的石板铺就的弯弯小路使画面灵动起来。

◆ **林君藏书**

林君1996年作

EX-LIBRIS

王富强：古朴又神秘

　　王富强的民居藏书票采取细密的纹理和晦暗的肌
理，在晦涩的风格中表现出古朴的神秘感，体现了中国
传统文化的幽深。

◆ 阿富藏书

王富强2000年作

◆ 阿富书票

王富强2000年作

◆ **富子书票**

王富强2000年作

8/50

刘佳：层层叠叠藏书楼

　　刘佳创作的民居建筑是大户人家的深院大宅，层层
叠叠，讲究比例和对称，颇有古风。

◆ 刘佳藏书

刘佳1999年作

刘继鹏：古意盎然

刘继鹏的誊写版填彩书票表现了读书人的深宅大院，亭台小阁，古色古香。

明月照幽径，是古诗的意境。刘继鹏的两张表现月光下古亭的书票，诗中有画，画中有诗，可以说达到了王维的诗画合一的境界。

◆ 曾三颜四禹寸陶分　　　　　◆ 伊人藏书

刘继鹏作　　　　　　　　　刘继鹏作

《黄玉峰书票》恰切地表现了上海特级教师黄玉峰的胸襟志趣，一如峰之挺拔。黄玉峰擅长写作，爱书画，著有诗画评论专著。

◆ **黄玉峰书票**

刘继鹏1999年作

秦国君：风从草原来

秦国君是一位富有乡土气息的藏书票艺术家，马车是他的藏书票创作中惯有的道具，除了马车，常常还有一只卷尾巴昂首而立的狗，不仅为画面增添了动感，还加强了浓郁的生活气息。

在《锁全之书》这枚书票中，乡土气息表现得尤为自然而生动。他通过两个背影，一排栅栏，一望无际的田野（或草原），表现了蒙古族真实而淳朴的生活场景。线条处理上，他常采用正切刀，中锋入木，棱角毕露，既粗犷凌厉，又细腻紧密，把蒙古民族飒爽直率的性格体现得淋漓尽致。

◆ 车和狗　　　　　　　◆ 锁全之书

秦国君2000年作　　　　　秦国君2000年作

德力格尔：骏马奔驰

德力格尔的《忠为爱书》，表现了骏马奔驰时骑手矫健的身姿，骏马一跃千里的肌肉动作非常传神，展示了内蒙古大草原上牧民剽悍、勇敢和粗犷的性格。

◆ 忠为爱书

德力格尔1998年作

唐华志：寻找平凡小景

山东藏书票艺术家唐华志仿佛是专门寻找小景的，就像照相取用特写镜头，他删繁就简，去粗取精——磨坊小景、一串红辣椒、一扎糖葫芦等，都是他摄取的对象。唐华志藏书票刀法深峻，风格朴实粗犷。

◆ **华志藏书**

唐华志1999年作

◆ 唐华志藏书（一）

唐华志1997年作

◆ 唐华志藏书（二）

唐华志1999年作

蔡欣：田字的变奏

　　蔡欣为郁田创作的这枚《郁田之书》藏书票构思奇巧，以小见大。作者将春夏秋冬四季风景浓缩于一图，在寓意郁田的"田"字方格中各置一季：

　　春潮汹涌，一叶小舟向大海的深处驶去；

　　夏荷在一池碧水中欣欣然地绽放；

　　金色的秋天已经渐渐黯淡，枯萎的落叶在秋风秋雨愁煞人的意境中飘零；

　　白雪皑皑，红色的"郁田之书"印和绿色的藏书票拉丁文，预示着冬天孕育着春天，白雪深处有着火热的情怀。

　　这只是笔者对蔡欣这枚书票的理解。当笔者把这一理解告知郁田时，他并不认可。他说有另外的寓意。

　　直到有一天，看到蔡欣谈这枚藏书票的文字，笔者才知道了郁田的理解其实出自蔡欣这位作者本人。蔡欣说："票主郁田，票面构图取郁田的'田'字。共分四格，顺时针观之，三幅画面表达了郁田先生的人生经历：上端两格主要表示了郁田先生的一段苦难，无情的浪潮把小舟抛起，疾风暴雨把枝条折断，所有这些没能压倒郁田先生，他那坚强的毅力、顽强的精神，迎来了灿烂的明天，就如第三格那样，这片绿洲将是属于他的。"

◆ 郁田之书

蔡欣作

辛宝立：勾起恋乡情结

　　辛宝立眼中的民居明朗而纯朴，富有乡土气息，使
人油然升起一种恋乡情结。

◆ 宝立之书（一）　　　◆ 宝立之书（二）

辛宝立2000年作　　　　　　　辛宝立2000年作

　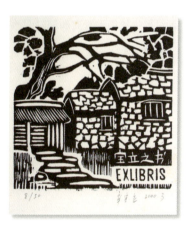

周志清：细致的铜版

周志清的铜版民居藏书票《有楷藏书》，是为天津版画家廖有楷创作的。廖有楷是天津著名版画家和藏书票艺术家，是周志清的老师。为老师创作这组藏书票，周志清倾尽心力，一丝不苟。无论是四合院还是古老的木门，都如素描一般，真实表现了常见的古民居的传统布局风格，笔触细致入微，明暗光影的变化，表现了作者对景物的细致观察和深刻洞悉。

◆ 有楷藏书（一）

周志清1999年作

◆ 有楷藏书（二）

周志清1999年作

◆ 有楷藏书（三）

周志清2000年作

袁振璜：动与静的和谐

大海上飞翔的海鸥，搁浅在海滩上的小船，动与静的和谐结合使画面均衡而富有张力。《振璜藏书》构图单纯而意味悠远。

◆ **振璜藏书**

袁振璜作

刘琛：留下悬念

　　艺术贵在简洁，以少胜多。深山藏古寺，画树木掩映中的古寺，不足为奇。不见古寺，但见挑水的和尚，可显出独创性。

　　刘琛的刀下不见寺庙，但见寺庙屋檐的一角，但见一只风铃，空白留给观者以无限的想象。

　　刘琛创作的西藏建筑——布达拉宫的藏书票，以仰视的视角，表现了布达拉宫的巍峨壮观景象。邮票般小巧的画面，表现宏大建筑，充分展现了作者黑白木刻用刀之精妙。

◆ 刘琛书票（一）　　　◆ 刘琛书票（二）

刘琛1990年作　　　　　刘琛1990年作

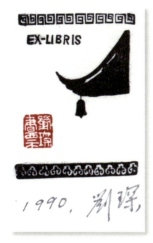

日月下的行者是光明的使者，刘琛的日月富有禅意。

刘琛的《刘琛书票（一）》《刘琛书票（二）》《刘琛书票（三）》等在艺术上皆达到妙境。

一溜大大的转经筒在画面的右侧向纵深延伸，一个僧人一手持转经筒，一手持念珠，围绕转经筒转经。这是西藏寺庙常见的场景——一队队的转经人络绎不绝。刘琛仍是按照他以少胜多的取景习惯，只取一个僧人的背影，表现了信仰的虔诚。

◆ 刘琛书票（三）　　　　　　　◆ 南星藏书

刘琛1990年作　　　　　　　　　刘琛1999年作

丁建国：光波的流韵

黑色如漆，听得见阳光金属般的撞击声，黑色使白色更加明亮。船的倒影，树的倒影，岸的倒影，使得这枚藏书票有一种光影耀眼的效果。

丁建国的这张《大然藏本》藏书票如小说和诗歌的插图，纯粹而鲜明。

◆ **大然藏本**

丁建国作

彭本浩：律动的风景

山坡上的梯田以流线型向上延展，顶部是一头牛，然而就是这小小的顶部，成了焦点。

彭本浩眼中的山乡小景是律动的，温静中有骠悍，其艺术表现手法粗犷有力。

◆ 本浩藏书（一）　　　　◆ 本浩藏书（二）

彭本浩1988年作　　　　彭本浩1991年作

甘畅：象形文字中的风景

太阳是红色的，月亮是黄色的，山峦是绿色的，河水是蓝色的，书是黑色的……在灰色的纸板纹理上，以象形文字入藏书票，甘畅在色彩和构图上有独到的创造。

晶莹雪国、日月星辰，都是藏书票艺术家乐于采用的题材。甘畅的这两张风景藏书票具象中有抽象，既具现代性，又富有民族风情。

◆ 甘畅藏　　　　　　　　◆ 日月山河

甘畅2000年作　　　　　　甘畅2000年作

一只陶罐，陶罐中一束植物，一本书、一个笔筒，表现了书房中的雅致情怀。

墙上的挂钟，让我们在静谧中仿佛听到时光秒针的嘀嗒声。

画面上的静物，简单中寓意丰富。书籍伴我们走向成熟，书籍也伴我们从年轻走向老年，走向离别。唯有读书时光最为珍贵，藏书票定格了这最美好的一刻。

◆ 甘畅书票

甘畅2000年作

吕仲寰：单纯中见繁复

　　暗红色的小楼，见证近代学术史的流变，在富有历史感的红黑赭色的色彩变奏中，即使是在静默中，我们也仿佛看到一个个学术巨人从那小小门中走出又走进。

　　白色的门，斜斜的黑色阴影，我们可以感受到阳光正炽。

　　前景的树木和阴影与门侧的阴影表达了深邃的历史感。

　　《红楼书库》藏书票线条工整，层次多变，在单纯中表现出繁复，在丰富中表现出简单。

◆ 红楼书库

吕仲襄1999年作

黄永勇：门上风光

黄永勇的藏书票《辰龙斋藏》，以特写手法表现了民居细部的纹理和纹饰，两两相对的规整中有变化。

画面令人想到中国四大名楼，是黄鹤楼还是岳阳楼？江水浩渺，波光粼粼，江面上帆船穿梭，江鸥翔舞，《胜胜书票》将人带到《岳阳楼记》的记忆里。

◆ **辰龙斋藏**　　　　◆ **胜胜书票**

黄永勇1998年作　　　　黄永勇1990年作

向农：抽象构成

　　向农的藏书票全部是由抽象构成的，他眼中的风景是抽象的，在抽象中有具象，在具象中有抽象。一千个读者眼中就会有一千个哈姆莱特，这句艺术名言用在他的这些抽象藏书票中显得非常贴切。你可以从任何角度理解，每一个人都会有不同的印象和结论。这就是这些抽象藏书票的成功之处和魅力所在。

　　向农的抽象藏书票《互动》《作风》《风力》等，每套多为8张。他的这几组抽象藏书票画面上都有两个点，是互动、作风和风力的焦点。在抽象的构成中，点线面处于一种剧烈动荡中，表现了转轨时期现代社会的现实。如果从哲学的角度来理解，互动具有生生不息的永恒的意味。

　　1998年，和《互动》《作风》《风力》同年创作的《拼图》系列，是以嫩绿和黄色着色，和互动系列同样风格，画幅尺寸也是同等大小，以带棱角的粗重线条组成各种不规则的拼图。全套共8张，因篇幅所限，这里展示的是其中的一张。

◆ 互动   ◆ 作风   ◆ 风力

向农1998年作   向农1998年作   向农1998年作

　　《播图》《深图》《进图》《互动》等一样，每一幅抽象风景都有圆点，两个或数个，似乎没有方向，似乎无规律可循，但变化莫测中似乎又有无限的意味，或古典，或现代，这些抽象风景艺术构成，超前表现了当代互联网、物联网、区块链的类似理念。

◆ 拼图　　　　　　◆ 播图　　　　　　◆ 深图

向农1998年作　　　　向农作　　　　　向农作

从1998年创作的《互动》《作风》《风力》《动力》，到2018年创作的《进图》，向农几乎每年创作一套抽象藏书票，都以独特的视角和表现方式，形成了特有的风景世界。

◆例图　　　　　◆季风　　　　　◆进图

向农2002年作　　　　向农2004年作　　　　向农2018年作

顾锡田：狮子林的故事

顾锡田关注富有深厚历史文化底蕴的风景名胜，如苏州园林中的著名景点狮子林等。他创作这一系列石刻藏书票，既有金石味，又富有艺术气息，且每一张藏书票上的名胜景点，都有一个动人的故事。

其中藏书票《狮子林》，就描绘了这样一个故事：狮子林为苏州四大名园之一，至今已有680年的历史。元代至正二年（1342年），名僧天如禅师维则的弟子"相率出资，买地结屋，以居其师"。因园内有竹林万亩，竹下多怪石，状如狻猊（狮子）；又因天如禅师维则得法于浙江天目山狮子岩普应国师中峰，为纪念佛徒衣钵、师承关系，取佛经中狮子座之意，故名"师子林""狮子林"。狮子林既有苏州古典园林亭、台、楼、阁、厅、堂、轩、廊之人文景观，更以湖山奇石、洞壑深邃而盛名于世，素有"假山王国"之美誉。据史载，康熙皇帝南巡狮子林后，下令在北京圆明园、承德避暑山庄内仿建了两座狮子林，可见其对狮子林情有独钟。

顾锡田的藏书票《狮子林》，表现的就是这样一个因充满传说故事而富有传奇色彩的地方。

◆ 狮子林　　　　　　　　　◆ 冠云峰

顾锡田2002年作　　　　　　　顾锡田2001年作

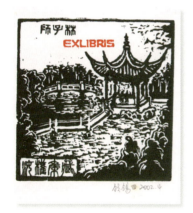　

◆ 放生池

顾锡田2001年作

◆ 眉山楼

顾锡田2002年作

◆ 虎丘

顾锡田2001年作

◆ 寒山寺钟楼

顾锡田2002年作

杨齐福：白族风情

《齐福爱书》取材自云南怒江少数民族生活场景，寥寥数笔勾勒出森林和天空中的太阳，将人物置于风景之中表现，天人合一，有远古岩画的风格。杨齐福的藏书票多表现云南白族的风情民俗和劳动生活等，这是其代表作之一。

◆ 齐福爱书

杨齐福1998年作

武安伟：红与黑

普通的乡村民居，在武安伟雕刀下变得诗意盎然，其刀法浑穆、深沉，粗犷豪放，有大家气象。民居后面的老树，挂枝的山楂及门上的对联，红色的点缀，使大块黑色的画面灵动而鲜活起来。

武安伟1995年作

姜丕中：夜幕中的怒放

这两张藏书票是香港藏书票艺术家姜丕中为国际藏书票联盟主席巴特勒创作的。砖雕的形式，奔放的线条，将黑色夜空中的彩色烟花以特写的方式呈现，如在目前。

◆ 烟花（一）　　　　◆ 烟花（二）

姜丕中作　　　　　　　姜丕中作

宋刚：巧思中的黑白对比

宋刚的藏书票惯于采用阴刻手法，在巧思中形成强烈的黑白对比，有一种报刊宣传画插图的风格。他的版画藏书票作品曾先后在《人民日报》《新民晚报》《大公报》《中国时报》等数十家报刊发表。

◆ 晓刚藏书（一）

宋刚2004年作

◆ 晓刚藏书（二）

宋刚2004年作

宋刚2004年作

廖有楷：营造诗意氛围

两只鹿在白雪皑皑的森林边游弋——廖有楷采用铜

版技法，在层次分明的明暗对比中营造出诗意的氛围。

◆ 廖有楷藏书

廖有楷2000年作

顾其星：总是难了怀旧情

　　老房子黑纸瓦，古典的四合院，院中有树高过屋
脊，植物葳蕤，两只鸡蹲在一角打盹儿。白花花的地
砖，显然是由中午白炽日光照射而成。顾其星喜欢古典
的传统的场景，他也是刻画古典传统场景的高手，风格
写实而精细。这是顾其星为山东藏书票收藏家杨广超定
制的一张藏书票。

◆ **杨广超藏书**

顾其星2009年作

顾其星细腻绵密的线条一丝不苟地呈现在"闲云斋藏·上海滩风情"系列藏书票中。这组藏书票表现的是民国时期的上海滩，哥特式建筑，新式的照相馆，广告促销热闹的店铺，繁华的大街，灯红酒绿、纵情歌舞的夜生活……在顾其星的雕刀下，淋漓尽致地复活了大上海的民国风情。

◆ 闲云斋藏·上海滩风情（一）　◆ 闲云斋藏·上海滩风情（二）

顾其星2017年作　　　　　顾其星2017年作

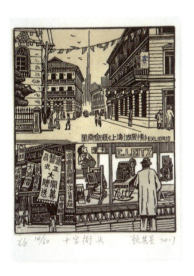

龙开朗：少数民族的日常

龙开朗对贵州少数民族地区的日常生活和劳作道具情有独钟。《阿翔藏书》刻画两只鸟笼，每只鸟笼上包裹着一块布套，一块是红色的，一块是蓝色的。简单的道具，昭示着对生活的热爱。

蓑衣和犁、斗笠，都是农民劳作所需的，也是日出而作、日落而息的农业劳动的见证。龙开朗善于观察和发掘平凡中朴素的生活美学。

◆ **阿翔藏书**　　　　　　　　◆ **蓑衣和犁**

龙开朗1984年作　　　　　　龙开朗2000年作

一个少数民族女子端坐在街边摆摊卖汤粉，炉火正旺，锅中的汤水还没有沸腾，女子在锅中搅拌，矮桌上整齐摆放着9个碗。这是一张富有生活气息的藏书票，龙开朗并未刻画精细的线条，但女子劳作的专注，还有两缕烟火飘拂，将普通的场景刻画得感人至深。

龙开朗是中国新时期藏书票艺术的早期拓荒者之一，《开朗藏书》创作于1986年，《阿翔藏书》创作于1984年。这正是新时期藏书票刚刚兴起的时候，只有极少数版画艺术家介入藏书票创作，一切都在探索中。从这两张藏书票尚未刻写国际藏书票通用标志"Ex Libris"，可窥见还处在探索期。

◆ 斗笠和农具　　　　　　　　　◆ 开朗藏书

龙开朗2000年作　　　　　　　　龙开朗1986年作

冯汉江：运刀洒脱

　　滴水见太阳，从两张小小藏书票中可见冯汉江版画艺术惯用的刀法，随心所欲，洒脱自然。冯汉江长期生活在江汉平原、江南水乡，他的作品也多取材于此。2009年，北京鲁迅博物馆举办"水乡风情——冯汉江版画展"，亦以水乡风情为主题。这两张藏书票也取材于江汉平原水乡风景。

◆ 汉江书票　　　　　　　　　◆ 汉江之书

冯汉江2001年作　　　　　　　冯汉江2001年作

唐润华：浓郁的生活气息

唐润华采用水印木刻创作的民居景象，苍凉、淳朴，富有生活气息。

◆ **大丰藏书**

唐润华1998年作

蔡金章：水印晕染之妙

蔡金章的藏书票取材广泛，从日月星辰到山川河流，从乡村民居到现代建筑，都是他眼中的风景。

在技法上，蔡金章将水墨画的追求用在水印木版画上，大写意中有一二精致之描绘，有一二刚劲之线条，得晕染之妙，用色浓烈，笔致含蓄，层次分明，得韵外之致。

◆ 红征之书   ◆ 立人之书

蔡金章作   蔡金章作

◆ 一品娃珍藏　　　　◆ 亚章藏书

蔡金章作　　　　　　蔡金章作

◆ **浚浚的书**

蔡金章作

大戈：朦胧的印象

画面上楼宇巍然耸立，这栋建筑正面占据整个画面，门前几棵大树，线条并不清晰。香港藏书票艺术家大戈创作的这张藏书票犹如写意画，给人一种朦胧的感觉，耐人寻味。

◆ **楼宇**

大戈2000年作

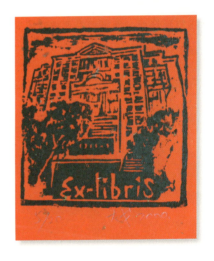

兰廷文：多向度的探索

　　兰廷文创作的两张风景藏书票，一张是苗寨，采用木面以细密线条刻画，犹如刺绣，苗寨民居建筑和文字在细丝编织中浮现，给人一种如梦似幻的感觉；另一张是打猎场面，采用打刻印版技法凸版印制，画面上部物象朦胧，犹如远古岩画，营造出神话传说中的意境，下面几个人物轮廓富有动感，似在打猎，或是载歌载舞演出打猎场面。两张藏书票技法不同，风格迥异，体现了画家多向度的探索追求。

◆ 家在苗寨　　　　　　　◆ 廷文之书

兰廷文2015年作　　　　　　兰廷文2015年作

王维德：天地人的史诗

黄土高坡上的窑洞门前，一女孩孜孜不倦地捧读，早晨温煦的阳光照在她的身上，照在窑洞前。光和影，门和窗，一切都是那么静谧，画面氤氲着一种简朴的美。

◆ 晨读

王维德2008年作

　　王维德是山塬厚土的歌者，他善于发现山塬风景之美、山村风景之美、田野风景之美、农耕风景之美。2020年他创作的"农耕时代"系列藏书票，将辛勤耕耘的农人置于天地之间，构成了一幅幅歌颂劳动之美的画卷。这是农耕时代的风俗画，也是天人合一、人景合一的农耕风景画。

　　"农耕时代"系列藏书票共有24张，采用绝版套色木刻形式，每张画芯13厘米×9厘米，套色为4至8色不等。

　　因地制宜的农耕文化是中华传统文化的重要组成部分。随着时代的变迁，有些劳动场景已不复存在了。有感于此，他创作了这套藏书票。

　　"农耕时代"系列藏书票是对农耕时代的一种回忆，也是对劳作之美、农耕风景之美的深情讴歌。

◆ 农耕时代·热土　　　　　◆ 农耕时代·驮水

王维德2020年作　　　　　王维德2020年作

"农耕时代"无论从成套数量，还是从艺术成就上看，都是王维德藏书票的代表作，是他积累数十年藏书票创作经验的炉火纯青之作，是他藏书票艺术的巅峰之作。这套藏书票也是2020年中国成套藏书票的重要收获，其艺术特色和艺术价值体现在如下方面。

其一，构图宏阔，以小见大。

藏书票是小制作，票幅只有巴掌大，这套藏书票的构图却很大。世界上最大的是天地，这套藏书票正是以天地为画卷，宏阔而统一，除了《山行》《歇晌》等少数几张外，每张藏书票画幅的三分之二以上都是天空，是无边无际的辽阔。小小藏书票，包容天地，王维德将大版画的画面浓缩到藏书票，以小见大，见微知著。画幅小却不失精致，这需要更高超的表现力，而王维德运刀自如，游刃有余，表现出娴熟的版画艺术功力。

◆ 农耕时代·耕耘　　　　　　　◆ 农耕时代·运肥

王维德2020年作　　　　　　　王维德2020年作

其二，色彩讲究，明艳沉稳。

无论是朝霞满天的《晨出》，还是晚霞漫天的《暮归》，无论是艳阳高照的《歇晌》，还是明月初升的《圆月》，或蓝天白云，或赤日炎炎，或春意盎然，或白雪皑皑，这套藏书票的色彩都明艳而爽朗。

明艳容易流俗，但王维德处理得丝毫不俗，反而显得沉稳和谐，清新脱俗，这得益于他一贯的色彩风格和在色彩处理技法方面的经验。这套藏书票套色较多，最多达8种，这在藏书票中是较少见的。8种色彩意味着要刻8块版，每一块版套色时都要精准，稍有错位就报废了。光精准还不够，还要色调融洽、印刷时布色均匀等。正因为经过了这么多道严谨的工艺流程，这套藏书票才展现了色彩讲究、明艳沉稳的艺术效果，增强了清新刚健的艺术魅力。

◆ **农耕时代·晨出**　　　　　　　◆ **农耕时代·歇响**

王维德2020年作　　　　　　　　王维德2020年作

其三，留白悬念，意味无穷。

讲究留白是国画的特色，"农耕时代"系列中，大量使用留白，留下了悬念，形成言有尽而意无穷的艺术效果。

"农耕时代"系列的留白体现在两个方面，一是画面构图的留白，如大面积的天空，构图的留白更突出人物和景物；二是采取做减法的方法，该出现的人物没有出现，留下悬念。如《牧归》，只有牛群，没有放牧人；如《休憩》，只有两头牛一个石碾，没有人物，人物到哪里了呢？自然是休憩去了。留白悬念给人留下了想象空间。

此外，这套藏书票还有很高的文化价值，尤其是农耕文化价值。伴随现代化进程，图中不少农耕场景已经渐渐离我们远去，这套藏书票给我们留下了永恒的回忆。

◆ 农耕时代·撒肥　　　　　　◆ 农耕时代·锄草

王维德2020年作　　　　　　王维德2020年作

◆ 农耕时代·小满　　　　　◆ 农耕时代·收割

王维德2020年作　　　　　　王维德2020年作

◆ 农耕时代·拉运　　　　　◆ 农耕时代·碾场

王维德2020年作　　　　　　王维德2020年作

◆ 农耕时代·扬场

王维德2020年作

◆ 农耕时代·晒粮

王维德2020年作

◆ 农耕时代 · 浇灌　　　　◆ 农耕时代 · 暮归

王维德2020年作　　　　　王维德2020年作

◆ 农耕时代·乡亲　　　　　◆ 农耕时代·牧归

王维德2020年作　　　　　　王维德2020年作

◆ **农耕时代·圆月**　　　　◆ **农耕时代·放牧**

王维德2020年作　　　　　　　王维德2020年作

◆ 农耕时代·休憩　　　　　◆ 农耕时代·山行

王维德2020年作　　　　　王维德2020年作

◆ **农耕时代·晚归**　　　　　　◆ **农耕时代·机耕**

王维德2020年作　　　　　　王维德2020年作

朱荫能：大三巴的记忆

大三巴是澳门圣保禄教堂残留的一面墙，也是澳门人文历史标志性建筑。朱荫能选取这一素材作为庆祝澳门回归纪念藏书票的主图，凸显了澳门回归的历史意义。

《醉白轩藏书》采取朱荫能拿手的丝网版技法，刻画松山农民丰收季节用风车吹米的场景。旋转的风车、旋转的稻米，还有手摇风车的汉子飘扬的衣裤，栩栩如生地表现出动感中的劳动之美。

◆ 澳门回归纪念　　　　　　　　◆ 醉白轩藏书

朱荫能1999年作　　　　　　　　朱荫能2003年作

陈济生：古镇古桥古韵

　　两张《济生藏书》藏书票，通过红黄绿黑四色，刻画出古镇古桥的古韵。其中的暖系色彩红黄间以冷色的绿，看似随意不规则，实则有讲究有巧思，仿佛起伏的音符，在黑色的键盘上优美跳动。

◆ 济生藏书（一）　　◆ 济生藏书（二）

陈济生1995年作　　　陈济生1995年作

拉喜萨布哈：朴实乡村蕴诗意

两张黑白藏书票，以繁富的线条，表现单纯的景象。看似不起眼的农村一角小景，在画家敏锐的眼光中呈现出平静的诗意。作者忠实于生活，朴实的刻画中饱含深情。

◆ 农村一角（一）　　　◆ 农村一角（二）

拉喜萨布哈2012年作　　　　　　拉喜萨布哈2012年作

吴若光：专注家乡圣陵

吴若光长期生活在湖南炎陵县，对炎帝陵情有独钟。他的藏书票和绘画作品多表现炎帝陵题材，炎帝陵御碑园中长40米的大型壁画《神农功绩图》画稿的绘制让他蜚声省内外。这两张《吴若光藏书·炎帝陵》以传统构图，俯仰得当的视角，忠实再现了炎帝陵这一人文景观，是他的这类题材藏书票代表作之一。此后，他还创作了长700厘米×100厘米的国画长卷《邑有圣陵》。

◆ 吴若光藏书传·
　　炎帝陵之一

◆ 吴若光藏书·
　　炎帝陵之二

吴若光2003年作

吴若光2003年作

卢建明：写实中透出空灵

卢建明眼中的民居风景写实中透出空灵，意趣淡泊。他的黑白木刻技法娴熟，一张民居采用阳刻，一张民居置于大树下的阴影中采用阴刻，线条极简，运刀自如，在单纯中表现出丰富。印制时，卢建明通过对墨色浓淡的掌握和运用，制造出光影的奇妙变幻，使黑白版画具有了国画般的水墨效果，浓淡相宜，清晰中富有层次感。

◆ 民居（一）　　　　◆ 民居（二）

卢建明1998年作　　　　卢建明1998年作

邓勇：色彩的交响

　　两张藏书票选取古老塔楼的一景，墨线简洁勾勒塔楼的轮廓，鲜艳的红色、黄色和蓝色套印，冷暖色大色块的对比，给人强烈的视觉印象。

◆ 古塔楼（一）　　　　　　◆ 古塔楼（二）

邓勇1998年作　　　　　　　邓勇1998年作

　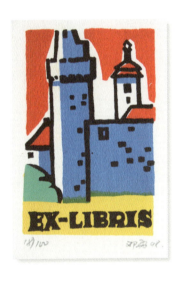

郭凤印：柴扉为客开

普通的农舍、不起眼的院门，在郭凤印的眼中并不普通，他以娴熟的木刻技法，雕刻出平凡世界中的不平凡之处。

◆ 王龙藏书（一）　　　　◆ 王龙藏书（二）

郭凤印2010年作　　　　　郭凤印2010年作

蒋艳俐：书阶上的油纸伞

《雨巷》藏书票表现了这样的意境："撑着油纸伞，独自彷徨在悠长、悠长又寂寥的雨巷，我希望逢着一个丁香一样地结着愁怨的姑娘。她是有丁香一样的颜色，丁香一样的芬芳，丁香一样的忧愁，在雨中哀怨哀怨又彷徨……像梦中飘过一枝丁香地，我身旁飘过这女郎；她静默地远了、远了，到了颓圮的篱墙，走尽这雨巷……"

这是现代诗人戴望舒写的一首名诗。蒋艳俐刻画出形状各异的油纸伞和多位撑着油纸伞的姑娘的背影，创造性地将雨巷的青石板刻画成书籍阶梯，凸显了"书山有路勤为径"之主题，将"雨巷"诗境和藏书票的主旨融合。

◆ 雨巷

蒋艳俐2015年作

任树起：红色圣地

《瑞金》是任树起的砖刻"根据地"系列藏书票之一，采取红色印制，贴切地表现了"红色根据地"这一主题。

◆ 瑞金

任树起1999年作

王敢：众志成城

　　长城，是中华民族精神的象征；长城，也是成语"众志成城"的形象写照。王敢创作的木刻藏书票《众志成城》取万里长城之一角，以脊梁形状造型，突出了长城作为中华民族的脊梁这一寓意。

◆众志成城

王敢2003年作

刘劳拉：恍若走进欧洲

河边、桥头、哥特式的尖顶建筑属欧洲古建筑。作者刻画了暗夜天空中的闪电，使这张凹版美柔汀技法制作的藏书票具有了奇异的效果。这张藏书票完美承袭了欧洲古老图书的插图风格。

◆ 闪电

刘劳拉2016年作

瞿安钧：贵州民居

作者采取俯视角度，刻画植物掩映下的贵州民居建筑和民居中的少数民族居民，视角独到。

◆ 岩坤之家藏

瞿安钧2003年作

高华：朝阳下的树

这是高华为17岁的向丽创作的一张藏书票。17岁是早上的太阳，故刻画初升的太阳；17岁是青春光芒四射的年龄，图中刻画太阳的光华热烈奔放；17岁也是茁壮成长的年龄，在广阔天地间，刻画一棵树蓬勃生长。阳光、雨露、土壤和空气是树的养分，树上环绕刻写"向丽十七岁爱读书"字样，读书犹如阳光、雨露、土壤和空气，滋养最美的树木成长，郁郁葱葱。

◆ 向丽十七岁爱读书

高华作

丽君：栅栏内外

　　大树下的民居，民居外一圈木栅栏，木栅栏之外的石板路上，两个人手牵手回家。《丽君藏书》构图简洁，色彩明艳，层次分明。

◆ 丽君藏书

丽君1998年作

胡军：来一碟茴香豆

胡军创作的这张江南茶楼风景，画面写实，门窗和人物背影都是清晰的，一下子就将人带到鲁迅小说《孔乙己》描写的酒楼氛围中。

◆ 胡军书楼

胡军2000年作

李家新：银币上的帆船

古老的欧洲帆船在浩翰大海上航行，在遥远的时空中航行。

这枚藏书票仿佛一枚古老的欧洲银币，在方形装饰边纹中的圆形图案上，李家新刻画的帆船充满了浓郁的近代气息。

在钱廓的边缘，刻有美洲、欧洲、亚洲、非洲和澳洲五大洲的英文名称，寓意巧妙，象征藏书票带着艺术和友谊漂洋过海，航向五大洲四大洋。

四角刻有"王惠民藏"四字。王惠民1922年生，安徽芜湖人，1945年定居美国，系美国马萨诸塞大学艺术系教授、全美版画藏书票协会成员、中国藏书票协会艺术顾问。

这枚藏书票的图案和寓意与票主漂洋过海的留洋身份十分贴切。

◆ **王惠民藏**

李家新2000年作

林承复：追踪先生足迹

　　这是林承复于1996年创作的一组与鲁迅相关的风景藏书票，有鲁迅故居、鲁迅铜像所在地、鲁迅常去的虹口公园、鲁迅纪念馆等，这些名胜都在上海。

　　这组藏书票取景构图看似随意，实则严谨，无论是建筑，还是建筑周围自然环境的衬托，其视角、布局都恰到好处。每一张藏书票都富有大自然气息，或林木葳蕤，或飞鸟翔集，给人一种生机勃勃的感觉。在光影的营造上，画家以高超的黑白木刻技巧，刻画强烈的光感，犹如正午炽烈的阳光照耀，给人亮晃晃的视觉冲击力。

◆ **鲁迅故居**　　　　　　　　　◆ **鲁迅铜像**

林承复1996年作　　　　　　　林承复1996年作

◆ 鲁迅常去的地方

林承复1996年作

◆ 鲁迅纪念馆

林承复1996年作

黄务昌：清泠由木性

　　"见山楼"是黄务昌的别墅住宅，"迟斋"是他的号或书斋名。苏州拙政园也有一座见山楼，原名隐梦楼，江南风格，重檐卷棚，歇山顶，粉墙黛瓦，三面环水，两侧傍山。黄务昌的见山楼起名显然受到拙政园的影响。

　　这张丝网版藏书票描绘"见山楼"中西合璧的建筑风格，楼上飞鸟翔集，楼后山峦起伏，人居与自然和谐相融，天人合一，想必是黄务昌理想的人生之境。

　　黄务昌对木艺有难舍的情结，年轻时他曾在家学木工，18岁到黑龙江生产建设兵团支边，任木工班班长，为职工造房子、做家具。退休后，他继续玩木艺，从事木艺教学、家具制作，为"中国木工爱好者"网站撰文，多次在木艺竞赛中获奖。由这张藏书票上的"见山楼"画面可知他对建筑和木艺的癖好。

◆ 见山楼藏书

黄务昌2009年作

《浙江图书馆》与《见山楼藏书》同样表现的是建筑风景，同样的楼上飞鸟翔集、楼后山峦起伏，同样都是正面表现，构图相似，风格相同，说明了画家对建筑艺术和建筑与生态相融的极大兴趣。

藏书票下部写有"人文艺术书香情趣——迟斋中外藏书票收藏珍品展纪念"，"迟斋"是黄务昌的号，"HWC"是黄务昌拼音的首字母，表明此展览是黄务昌的个人藏品展，"2006.8"是展览时间或创作时间。这张藏书票的创作时间正是2006年。

展览的同时，黄务昌还作了藏书票知识讲座。黄务昌是藏书票收藏大家，尤其是国外藏书票收藏，数量可观，藏品质量与马未都、吴兴文、刘硕海、子安各有千秋。

几只小船静静地停泊在那里，系船桩上的一只小鸟是点睛之笔，成为画面的焦点。远山静静地悬浮在那里。雪景的营造出神入化，船上的雪、水边的雪、远山的雪，野渡无人舟自横，画面渗透静谧、清冷的诗意。

◆ 浙江图书馆　　　　　　◆ 黄哲藏书

黄务昌2006年作　　　　　　黄务昌2008年作

"月涌大江流"，看到《龚斋藏书》画面，蓦然想到杜甫的《旅夜书怀》。这句诗的前面还有半句"星垂平野阔"，但藏书票上铺天盖地涌动的潮水，已辨不出是汹涌的潮水，还是浩瀚的星空，或是无涯的银河，徒增人生渺小、如梦似幻、"念天地之悠悠，独怆然而涕下"的感慨。

一轮皓月在天，小小藏书票，包容大宇宙大体悟大境界。

◆ 龁斋藏书

黄务昌2010年作

徐鸿兴：从垄上走过

　　这是一张表现田间小景的藏书票，一农人牵牛从小河边的田间小路上走过，正是春播时节，绿色的秧田通过三种颜色的简括刻画显得绿意盎然，表现了艺术家举重若轻的深厚艺术功力。

　　步履蹒跚的牛和戴着斗笠的牵牛人以浓墨表现，从淡淡的绿色中跳出，以留白的河水衬托，顿时成为画面的焦点。画面虚实相间，动静结合，静态的秧田、河流是虚，动感的人、牛是实，堪称抒情的小品、流动的风景。

◆ **俞林泉存书**

徐鸿兴2010年作

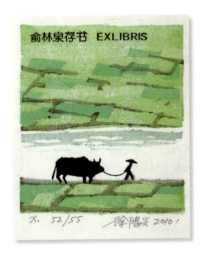

图书在版编目（CIP）数据

朱雀桥边乌衣巷：风景名胜 / 沈泓著 . — 天津：
天津教育出版社 , 2024.6
（书中蝴蝶：中国当代藏书票）
ISBN 978-7-5309-9034-6

Ⅰ . ①朱… Ⅱ . ①沈… Ⅲ . ①藏书票 – 中国 – 图集
Ⅳ . ① G262.2-64

中国国家版本馆 CIP 数据核字 (2024) 第 081754 号

书中蝴蝶：中国当代藏书票
朱雀桥边乌衣巷：风景名胜
SHUZHONG HUDIE ZHONGGUO DANGDAI CANGSHUPIAO
ZHUQUE QIAOBIAN WUYIXIANG FENGJING MINGSHENG

出 版 人	黄 沛　　丁 鹏
作 　 者	沈 泓
选题策划	王轶冰
特约策划	丁 鹏
项目执行	常 浩
装帧设计	杨 晋
责任编辑	常 浩　　张 清

出版发行	天津出版传媒集团	金城出版社有限公司
	天津教育出版社	
地　　址	天津市和平区西康路 35 号	北京市朝阳区利泽东二路 3 号
邮政编码	300051	100102
经　　销	新华书店	
印　　刷	鑫艺佳利（天津）印刷有限公司	
版　　次	2024 年 6 月第 1 版	
印　　次	2024 年 6 月第 1 次印刷	
规　　格	787 毫米 ×1092 毫米　1/32 开	
字　　数	180 千字	
印　　张	11.25	
定　　价	88.00 元